Das unendliche Potenzial der Frauen

Eine Ansprache von
Sri Mata Amritanandamayi

gehalten anlässlich der
Gipfelkonferenz 2008
der Weltfriedensinitiative der Frauen
unter dem Motto:
‚Den Weg freimachen für das Weibliche:
Zum Wohl der Weltgemeinschaft'

Jaipur, Rajasthan, Indien – 7. März 2008

Mata Amritanandamayi Center, San Ramon
Kalifornien, Vereinigte Staaten

Das unendliche Potenzial der Frauen
Eine Ansprache von Sri Mata Amritanandamayi
Ins Englische aus dem Malayalam übersetzt von
Swami Amritaswarupananda Puri

Veröffentlicht von:
  Mata Amritanandamayi Center
  P.O. Box 613
  San Ramon, CA 94583
  Vereinigte Staaten

————— *The Infinite Potential of Women (German)* —————

Copyright © 2008, Mata Amritanandamayi Mission
Trust, Amritapuri, Kerala 690546, Indien

Alle Rechte vorbehalten. Kein Teil dieses Buches
darf ohne Erlaubnis des Herausgebers, außer für
Kurzbesprechungen, reproduziert oder gespeichert
werden oder in sonstiger Form – elektronisch oder
mechanisch - fotokopiert oder aufgenommen werden.
Die Übertragung ist in keiner Form und mit keinem
Mittel erlaubt.

Erstausgabe vom MA Center: September 2016

In Deutschland: www.amma.de

In der Schweiz: www.amma-schweiz.ch

In Indien:
  inform@amritapuri.org
  www.amritapuri.org

Amma und Dena Merriam, die die Weltfriedensinitiative der Frauen ins Leben rief, beim Eröffnungsgebet der Gipfelkonferenz.

Auf der Gipfelkonferenz kamen mehrere hundert Menschen zusammen und diskutierten wie weibliche Führung Religionen, Politik, Wirtschaft und Gesellschaft verändern kann. Es war eine Versammlung, der religiöse und spirituelle Führungspersönlichkeiten, Politiker, Akademiker, Lehrer, Mitarbeiter aus dem Gesundheitswesen und Menschenrechtsaktivisten beiwohnten.

Einführung

„**D**en Weg frei machen für das Weibliche: Zum Wohl der Weltgemeinschaft" – unter diesem Motto fand die Gipfelkonferenz der Weltfriedensinitiative der Frauen 2008 statt. Mehrere hundert Menschen waren zusammen gekommen und diskutierten, welche Auswirkungen weibliche Führung auf die Religionen, Politik, Wirtschaft und die Gesellschaft im Allgemeinen haben kann. Unter den Teilnehmern befanden sich religiöse und spirituelle Führungspersönlichkeiten, Politiker, Akademiker, Lehrer, Mitarbeiter im Gesundheitswesen sowie Menschenrechtsaktivisten.

Hervorzuheben ist eine Gruppe junger Frauen in Führungspositionen aus diversen konfliktreichen Ländern, die der Konferenz ebenfalls beiwohnten.

Das Treffen fand vom 6. bis 10. März im Clarks Amer Hotel in Jaipur, der Hauptstadt Rajasthans in Nordindien statt, zeitgleich mit Ammas jährlichem Darshan-Programm in der ‚roten Stadt'. Am 7. März hielt Amma eine zu Herzen gehende Ansprache mit dem Titel: ‚Das unendliche Potenzial der Frauen'. Im Mittelpunkt ihrer Ausführungen stand die Unterdrückung der Frauen in den verschieden Bereichen der Gesellschaft.

Mit dieser Rede führte Amma ihre bei der ersten Gipfelkonferenz der Weltfriedensinitiative der Frauen 2002 im Palais der Vereinten Nationen in Genf dargelegten Gedanken und Visionen weiter. Die damalige, zutiefst beeindruckende Ansprache hatte den Titel: ‚Das Erwachen universeller mütterlicher Liebe'.

2002 hob Amma die zahlreichen kraftvollen Aspekte weiblicher Energie hervor und sagte, dass es zum Wohl der Welt zwingend notwendig sei, dass die Frauen zu den Männern in der ersten Reihe der Gesellschaft aufrückten. Amma forderte die Frauen zu mehr Selbstvertrauen auf und die Männer dazu, den Aufstieg der Frauen zu unterstützen anstatt ihn zu blockieren. Ammas Vision ist einzigartig. Sie besteht darauf, dass Frauen nicht die Männer imitieren, sondern vollkommen ihrer eigenen Stärke vertrauen und die eigene ihnen innewohnende mütterliche Liebe annehmen und wachsen lassen sollten. Mütterliche Liebe, Mitgefühl, Geduld und Selbstlosigkeit seien grundlegende Kräfte im Leben einer Frau - diese wertvollen Eigenschaften dürften niemals aufgegeben werden. Denn wenn Frauen ihre weiblichen Eigenschaften zurückwiesen, würde sich das bereits vorhandene ungute Ungleichgewicht auf der Welt weiter verstärken, sagte Amma. „Das kommende Zeitalter sollte dem Wiedererwecken der heilenden Kraft der mütterlichen Liebe gewidmet sein. Dies ist der einzige Weg, unseren Traum von Frieden und Harmonie für alle wahr werden zu lassen."

In ihrer Ansprache 2008 in Jaipur beklagte Amma die weniger werdende Liebe und die Verringerung gegenseitiger Achtung zwischen Männern und Frauen und forderte für das Wohl der Gesellschaft, für Harmonie und Weltfrieden dringend deren Wiederherstellung. „Frauen und Männer sollten sich vereinen und Hand in Hand positive Veränderungen in der Gesellschaft bewirken, um die kommenden Generationen vor einer großen Katastrophe zu bewahren", sagte Amma. „Doch die heutige Beziehung zwischen den Geschlechtern gleicht eher zwei schwer beladenen Fahrzeugen, die aus entgegen gesetzter Richtung aufeinander zurasen, und keines von beiden möchte ausweichen, um den anderen vorbei zu lassen."

Das unendliche Potenzial der Frauen

Amma warnte: „Wenn die Zukunft eine voll erblühte schöne, duftende Blume sein soll, müssen Frauen und Männer in allen Bereichen zusammenarbeiten. Wer Frieden und Zufriedenheit in der Weltgemeinschaft wünscht, muss dem folgen, jetzt, in diesem Augenblick. Wir können nicht länger warten. Je mehr wir zögern, desto schlimmer wird die Situation in der Welt."

Im Laufe ihrer Ansprache ging Amma auf die Unterdrückung und Ausbeutung von Frauen ein – insbesondere auf die Probleme der Tötung weiblicher Babys, Prostitution, Vergewaltigung, Internet-Pornographie, Missachtung des Mitgiftverbotes und Scheidung.

Amma bezog sich teilweise auf Äußerungen, die sie bereits 2002 gemacht hatte, und betonte erneut, wie wichtig es sei, dass Frauen ihr Leben auf den Werten und der Stärke gründeten, die mit Mutterschaft verbunden sind und dass sie nicht äußere, sondern innere Gleichberechtigung suchen sollten. „Alles hat sein ureigenes Wesen ...", sagte Amma. „Licht gehört zur Sonne, Wellen zum Meer und Kühle zum Wind. Die Sanftmut des Rehs und die Grausamkeit des Löwen sind nur Ausdruck der jeweils gegebenen Natur. So haben auch Frauen und Männer ihre eigene

Einführung

Natur, durch die sie sich voneinander unterscheiden. An diese eigene Natur sollte man sich immer erinnern und sie niemals aufgeben."

Abschließend wandte Amma sich direkt an die Frauen: „Frauen haben bereits alles, was sie brauchen, um in der Gesellschaft zu leuchten. Eine Frau ist ohne Mangel. Sie ist in jeglicher Hinsicht vollkommen. Wenn ein Mann versucht

Auf der Gipfelkonferenz traf Amma mit 30 jungen Frauen in Führungspositionen aus aller Welt zusammen, auch aus konfliktbeladenen Ländern wie Afghanistan, Irak, Iran, Pakistan, Indien, Sri Lanka, Tibet, Nepal, Kambodscha, Laos, Taiwan, Südafrika, Nigeria, Indien, Mexiko, Israel und Palästina.

sie herabzuwürdigen, sollte eine Frau nicht die Fassung verlieren. Frauen sollten sich niemals für minderwertig gegenüber einem Mann halten. Jeder Mann auf dieser Welt wurde von einer Frau geboren. Seid stolz auf diesen einzigartigen Segen und schreitet mit Vertrauen auf eure eigene euch innewohnende Stärke voran! Ihr solltet euch nie als schwache Schäfchen sehen, sondern immer als starke Löwinnen!"

Im Anschluss an ihre Ansprache wurde Amma zu einem Treffen mit ungefähr 30 jungen Frauen in Führungspositionen aus aller Welt eingeladen. Viele von ihnen kamen aus konfliktbeladenen Ländern wie Afghanistan, Irak, Iran, Pakistan, Indien, Sri Lanka, Tibet, Nepal, Kambodscha, Laos, Taiwan, Südafrika, Nigeria, Mexiko, Israel und Palästina.

Die Geistliche Dr. Joan Brown Campbell, ehemalige Leiterin des Büros des Weltkirchenrates in New York, wandte sich mit einer Bitte an Amma: „Amma, wir haben einen Traum: Ein Ergebnis dieser Konferenz soll die Bildung eines Frauenrates spiritueller Führerinnen aus aller Welt sein. Wir verbinden damit die Hoffnung, dass ein solches Gremium Ansprechpartner für Menschen sein könnte, die den Rat weiser Frauen

Einführung

suchen. Da wir deine Weisheit über alle Maßen schätzen wäre es eine große Ehre für uns, wenn du diesem Rat beitreten und eine führende Rolle übernehmen würdest."

Amma kam dieser Bitte mit der ihr eigenen natürlichen Bescheidenheit nach und versprach, alles ihr Mögliche zu tun.

Joan Brown und Dena Merriam, die Gründerin des Frauenrates und Initiatorin der Konferenz, stellten Amma die jungen Frauen in Führungspositionen vor. Amma schaute jeder einzelnen jungen Frau in die Augen und lobte ihre wertvolle spirituelle Neigung und ihre Bereitschaft, sich der Friedensfrage anzunehmen. „Sie sind schon in einem so jungen Alter aufgewacht und haben spirituelles Bewusstsein entwickelt - dies ist sehr bemerkens- und lobenswert" sagte Amma.

Amma schlug vor, dass diese Frauen eine Funktion in dem entstehenden Rat erhalten sollten. „Wenn sie die Zügel in der Hand halten, wird dies für alle Länder fruchtbar sein", sagte Amma. „Wenn sie sich zusammentun und kooperieren, wird ihre Zusammenarbeit wie ein wunderschöner Regenbogen leuchten."

Amma betonte, wie wichtig es sei, den Gesprächen auch Taten folgen zu lassen. Sie pries die

Das unendliche Potenzial der Frauen

Tugenden der Jugend: „Die Jungen haben Energie, sie krempeln die Ärmel hoch, sind aktiv und gehen die Dinge an", sagte sie mit einem Lächeln. „Man muss sie nur anleiten und an unseren Erfahrungen teilhaben lassen, dann können sie die Leitung übernehmen. Wir sollten sie emotional und intellektuell unterstützen und ihnen zur rechten Zeit die notwendigen Anweisungen geben. Besonders in von Konflikten betroffenen Gebieten suchen die Menschen nach Führung und Anleitung. Was wir mehr brauchen als Konferenzen mit körperlicher Anwesenheit sind Konferenzen der Herzen. Es ist höchste Zeit, dass wir etwas tun!

Amma gab der Gruppe junger Frauen sowie den Leiterinnen der neugegründeten Initiative den Rat, sich immer daran zu erinnern, dass eigene Anstrengungen nicht ausreichen. Ohne göttliche Gnade würde kein Plan Wirklichkeit werden und Erfolg haben. „Seid bescheiden", sagte Amma. „und nehmt bis zum Ende die Haltung eines Anfängers an, seid wie Kinder voller Vertrauen und Geduld. Dies ist die beste Einstellung zum Leben und zu den Erfahrungen, die uns das Leben schenkt. Dann werden wir immer etwas dazu lernen. Unsere Körper sind in alle Richtungen gewachsen, aber unser

Einführung

Gemüt hat sich nicht weiter entwickelt. Damit unser Gemüt sich ausdehnen und so groß wie das Universum werden kann, müssen wir wieder wie die Kinder werden. ...

Schreitet voran, kehrt in eure Länder zurück, stellt euch dem Leiden der Menschen und arbeitet hart. Es gibt vieles zu lernen. Lasst uns alles tun was möglich ist, und - möge Gottes Gnade immer mit uns sein."

Ammas Vision bezüglich der Rolle der Frauen in den verschiedenen Lebensbereichen, einschließlich Politik und Staatsverwaltung, zeigt ihren Weitblick und ihre Tiefe – eine Vision geboren aus Amma, der Verkörperung von Einheit und volkommenem Frieden. Ammas Forderung, Frauen zu ermutigen und zu unterstützen, bedeutet jedoch nicht, die Männer zurückzuweisen und alte Rechnungen mit ihnen begleichen zu wollen. Im Gegenteil, Amma entwirft eine Vision des Verzeihens, gegenseitigen Verstehens und der Liebe. Nur ein Handeln auf der Grundlage dieser weit reichenden Vision kann die Menschheit auf spirituelle und materielle Höhen empor heben.

Swami Amritaswarupananda Puri
Vizepräsident Mata Amritanandamayi Math

Das unendliche Potenzial der Frauen

Eine Ansprache von
Sri Mata Amritanandamayi

Jaipur, Rajasthan, 7. März 2008

Überall auf der Welt wird die Gleichberechtigung der Frauen heiß diskutiert und gefordert, dass Frauen gleichberechtigten Zugang zu allen gesellschaftlichen Bereichen haben und für ihre Arbeit denselben Respekt und dieselbe Achtung erhalten sollten wie Männer. Diskussionen sind ein gutes Zeichen, sie versprechen Veränderung. Lange Zeit mussten Frauen in ihrem Leiden stillschweigend ausharren ohne jede Möglichkeit zum Dialog. Schon immer waren Frauen körperlicher, emotionaler und intellektueller Verfolgung und Ausbeutung ausgesetzt. Selbst in den sogenannten hoch entwickelten Ländern mit scheinbar fortschrittlichem Denken werden Frauen immer noch in vielen Bereichen diskriminiert, wenn auch in geringerem Ausmaß. Die Zeiten haben sich geändert und den Frauen wurde zumindest ein gewisser körperlicher Schutz von Seiten der Männer zuteil. Dennoch bestehen von männlicher Seite immer noch unterschwellige Widerstände, den Frauen ein Umfeld ohne intellektuelle und emotionale Ungleichbehandlung und Druck zuzugestehen – sei es bei der Erwerbsarbeit, zuhause oder in der Gesellschaft. Solange diese Haltung bestehen bleibt, hängt ein bedrohlicher Schatten über der Beziehung zwischen Frau und Mann sowie über der Gesellschaft insgesamt. Ohne gegenseitige Achtung und liebevolle Anerkennung ist das Zusammenleben von Mann und Frau vergleichbar mit den zwei weit voneinander entfernten Ufern eines Flusses ohne eine verbindende Brücke. Wenn Frauen mit Männern und Männer mit Frauen wirklich in Beziehung treten wollen, müssen beide mehr Verständnis, geistige Reife und intellektuelle Unterscheidungskraft entwickeln. Fehlen diese, so herrschen Misstöne, gestörte Beziehungsmuster und Unruhe in der Gesellschaft vor. Gleichheit muss zuerst im Bewusstsein entstehen, doch noch wird unser Denken von der Vorstellung der Ungleichheit bestimmt. Solange derartige Denkmuster vorherrschen, kann die Gesellschaft nicht weiter wachsen und sich positiv entwickeln

– wie eine nur halb erblühte Blume. Frauen aus der Politik und dem Finanzwesen fernhalten zu wollen bedeutet, der Gesellschaft die Hälfte ihrer Kraft und intellektuellen Fähigkeiten zu nehmen. Männer müssen erkennen, welchen Fortschritt es für die Gesellschaft und den Einzelnen bedeutet, wenn Frauen aufrichtig dazu aufgefordert werden, in diesen Bereichen mitzuarbeiten. Wir brauchen Diskussionsforen, Studienkreise und Öffentlichkeitsarbeit, um mit diesem Thema voranzukommen. Allerdings wird eine rein intellektuelle Auseinandersetzung keine Verbesserung der Situation erbringen. Wir müssen die offensichtlichen und die unterschwelligen Gründe analysieren, um zu einer Lösung zu gelangen.

Frauen sagen, dass sie weder den Status noch die Anerkennung und Freiheit erhalten, die sie sowohl zuhause, bei der Erwerbsarbeit als auch in der Gesellschaft verdienen. Es mangelt ihrer Ansicht nach nicht nur an Respekt, oft fühlen sie sich sogar mit Verachtung behandelt. Männer hören diese Wahrheit nicht gerne. Sie sind sogar der Meinung dass den Frauen zu viel Freiheit zugestanden werde, sie überheblich geworden seien und sie ihr Heim und ihre Kinder vernachlässigten. Bevor wir uns damit auseinandersetzen, was an diesen Ansichten richtig oder falsch ist, sollten wir uns ansehen, wie diese Situation zustande kam. Wir müssen die Ursachen aufdecken. Wenn uns das gelingt, wird es einfacher sein, falsche Wahrnehmungen zu korrigieren.

In der Vergangenheit wurde den Männern die folgenden abwertenden Ansichten eingeimpft: „Männer sind den Frauen überlegen. Frauen brauchen keine Freiheit und keine Gleichberechtigung." Die Frauen denken jedoch ganz anders darüber: „Es reicht jetzt! Wir sind so lange von den Männern beherrscht und ausgebeutet worden! Von nun an müssen sie eines Besseren belehrt werden, es gibt keinen anderen Weg!"

Diese beiden Standpunkte sind von Groll und Feindseligkeit geprägt. Solcherart Gedanken beherrschen heute sowohl Männer als auch Frauen; die Egos blasen sich auf und verschärfen das Problem noch weiter. Damit unser Denken wieder frei werden kann, müssen wir die Konkurrenzmentalität des ‚Wer ist besser?' aufgeben.

Es begab sich bei einer Hochzeit: Am Ende der Zeremonie sollte der Trauschein unterschrieben werden, und zunächst setzte der Mann seinen Namen unter das Dokument, dann seine Frau. Sobald sie unterschrieben hatte, schrie der Mann:

Eine Ansprache von Sri Mata Amritanandamayi

„Es ist aus und vorbei! Alles ist vorbei! Ich will sofort die Scheidung!"

Der Standesbeamte und die Anwesenden waren verblüfft. Der Beamte fragte: „Entschuldigen Sie, was soll das? Sie wollen die Scheidung im Anschluss an die Eheschließung? Was ist denn passiert?"

Der Bräutigam sagte: „Was *passiert ist?* Schaut hin! Seht *meine* Unterschrift und seht wie riesig *ihre* ist!

Sagt mir, unterschreibt jemand über eine ganze Seite? Ich verstehe was das bedeutet, ich bin ja nicht dumm! Im Zusammenleben will sie groß sein und ich soll klein sein, *das* will sie mir zeigen. Also vergesst es, m*ich* kriegt sie nicht klein!"

Wenn Männer und Frauen heute Hand in Hand gehen wollen, straucheln sie bereits bei den ersten Schritten.

Die Frauen stellen gesellschaftlich festgefahrene Regeln und Abmachungen in Frage, sie wachen auf und entwickeln sich weiter. Die Männer glauben, dass sie den Frauen Freiheit gegeben haben, doch welche Freiheit soll das sein?

Ein Mann gab einem Freund einen Edelstein. Aber in dem Augenblick, als er ihn aus der Hand gegeben hatte, fing er an zu jammern: „Oh wie schade! Ich hätte ihn nicht weggeben sollen!" Er trauerte um seinen Stein und brütete über seine voreilige Tat. Doch bereute er nicht nur seine Freizügigkeit, er sann auch über Möglichkeiten nach, wie er den Edelstein zurück bekommen könnte. So sieht die Freiheit aus, die Männer den Frauen zugestanden haben. Doch tatsächlich ist Freiheit nichts, was Männer den Frauen geben könnten. Freiheit ist ein Geburtsrecht. Die Männer haben den Frauen die Freiheit weggenommen und sie zu ihrem ausschließlichen Eigentum erhoben.

In der Vergangenheit hatten die Männer die Freiheit und Erlaubnis, alles zu tun und zu lassen was sie wollten, denn sie waren die Erwerbstätigen. Weil die Kontrolle über das Geld und andere wichtige Angelegenheiten in ihren Händen lag, gewannen sie eine Autorität, die die Frauen einsperrte. Mit dem Hausschlüssel in der Tasche gingen sie dann ihrer Arbeit nach. Aber in der heutigen Zeit sieht die Lage anders aus: Selbst wenn Frauen eingesperrt sind, öffnen sie die Türen von innen und brechen aus. Heute verfügen Frauen über Bildung, ein eigenes Einkommen und stehen auf eigenen Füßen. Männer müssen verstehen, dass die Zeiten sich geändert haben.

Eine Ansprache von Sri Mata Amritanandamayi

Früher waren die Frauen auch im Rahmen gesellschaftlicher Konventionen stärker gefangen. Sie mussten die Dogmen, die über Generationen hinweg weitergereicht wurden, beachten und gehorsam erfüllen. „Achtet die Männer!", „Stellt keine Fragen!", „Tut, was euch gesagt wird!" – solche Regeln wurden Frauen aufgezwungen. Diese unterdrückenden Einschränkungen verhinderten die Entfaltung ihrer Talente. Ein Bonsai-Bäumchen in einem Topf trägt weder Blumen noch Früchte, es ist nur ein Ziergegenstand. In ähnlicher Weise wurde die Frau nur als Objekt gesehen, das der Zufriedenheit und dem Glück des Mannes dient. Sie war wie eine *Tambura*, die lediglich gespielt wurde, um den Gesang der Männer zu begleiten.

Einmal besuchte ein Reporter für die Recherche einer Geschichte ein fremdes Land. In der Stadt, in der er sich aufhielt, fiel ihm eine Gruppe Menschen auf, die durch die Straßen zog. Die Männer gingen voran, die Frauen folgten mit ihren Kindern auf dem Arm und schweren Lasten auf dem Rücken. Wohin auch immer der Reporter in diesem Land kam, überall bot sich ihm das gleiche Bild. Er dachte: „Das ist ja schrecklich! Sind die Männer hier so altmodisch?"

Das unendliche Potenzial der Frauen

Einige Monate später brach ein Krieg in diesem Land aus. Um über die Nachkriegssituation zu berichten, besuchte der Reporter das Land erneut. Diesmal beobachtete er genau das Gegenteil. Nun gingen die Frauen voran und die Männer folgten und trugen die Kinder und Lasten. Der Reporter war erfreut und dachte: „Was hat der Krieg doch für eine bemerkenswerte Veränderung zuwege gebracht!" Er befragte eine Frau zu dieser positiven Veränderung, als er plötzlich eine Explosion hörte. Eine Frau war auf eine Landmine getreten, sie war sofort tot. Die interviewte Frau sagte: „Sehen Sie *jetzt* die Veränderung? Das ist nur eine neue Strategie der Männer, sich selbst zu schützen!"

Dies ist nur eine Geschichte, möge eine solche Situation niemals wirklich eintreten! Doch tatsächlich denkt jeder nur an sein eigenes Glück und seine eigene Sicherheit. Natürlich sollen Männer glücklich sein, aber nicht auf Kosten der Frauen und deren Glück.

Es gibt Länder, in denen man lange glaubte, Frauen hätten keine Seele. Wenn ein Mann seine Frau umbrachte, wurde er nicht bestraft, denn wie könnte das Töten eines seelenlosen Wesens als Verbrechen betrachtet werden?

Eine Ansprache von Sri Mata Amritanandamayi

„Frauen sind schwach. Sie brauchen Männer, um beschützt zu werden!" Über viele Generationen hinweg war dies die vorherrschende Meinung. Dem Mann wurde von der Gesellschaft die Rolle des Beschützers zugewiesen. Doch Männer haben diese Rolle missbraucht, um Frauen auszubeuten. Tatsächlich sollte ein Mann sich weder als Beschützer noch als Bestrafer einer Frau verstehen. Die Männer sollten mit den Frauen zusammen leben, bereit und offen, ihnen ihren rechtmäßigen Platz in der Gesellschaft zuzugestehen.

Viele Menschen fragen: „Wie ist dieser männliche Ego-Trip entstanden?" Nach den Lehren von Vedanta (der Philosophie der Nicht-Dualität) mag die letztendliche Ursache Maya (Illusion) sein. Aber auf einer bodenständigeren Ebene lässt sich eine andere Ursache ausmachen. Vor langer Zeit lebten die Menschen in Wäldern, in Höhlen und auf Bäumen. Die körperlich stärkeren Männer widmeten sich der Jagd und beschützten die Familien vor wilden Tieren. Die Frauen blieben bei den Kindern und erledigten die ‚Hausarbeit'. Die Männer brachten Nahrung und Felle zur Kleiderherstellung, so entwickelten sie wohl die Idee, dass die Frauen zum Überleben von ihnen

Das unendliche Potenzial der Frauen

abhängig seien. Wahrscheinlich betrachteten auch die Frauen die Männer als ihre Beschützer. So könnten diese Egos entstanden sein.

Eine Frau ist nicht schwach und sollte niemals als schwach angesehen werden, doch ihr natürliches Mitgefühl und Verständnis wurden allzu oft als Schwäche interpretiert. Wenn eine Frau ihre innere Kraft anzapft, kann sie stärker als ein Mann sein[1]. Die männliche Gesellschaft sollte den Frauen aufrichtig helfen, ihre verborgene Kraft zu verwirklichen. Wenn wir Frauen im Einklang mit dieser Kraft leben, kann die Welt zum Himmel werden. Krieg, Kampf und Terrorismus werden aufhören. Liebe und Mitgefühl würden ganz selbstverständlich zu einem Bestandteil des Lebens werden.

Amma hörte von einem afrikanischen Land im Kriegszustand. Unzählige Männer starben in diesem Krieg, sodass die Frauen nun 70 Prozent der Bevölkerung ausmachen. Sie verloren trotz aller Verluste nicht den Mut und taten sich zusammen. Einzeln und in kleinen Gruppen fingen sie an, kleine Geschäfte zu betreiben, und sie

---

[1] In Indien gelten Mut, Unterscheidungskraft und Loslassen-Können als männliche Tugenden. Weibliche Tugenden umfassen Liebe, Mitgefühl und Geduld.

zogen ihre eigenen Kinder und auch die Waisen auf. Innerhalb kurzer Zeit entwickelten die Frauen eine so große Stärke aus sich selbst heraus, dass sich ihre Lage deutlich verbesserte. Dies beweist, dass Frauen sich entscheiden können, gegen die Zerstörung zu wirken und eine Kraft entwickeln können, mit der man rechnen kann und muss.

Angesichts solcher Geschehnisse könnte man zu dem Schluss kommen, wenn Frauen regierten, könnten viele Aufstände und Kriege verhindert werden. Eine Frau würde ihre eigenen Kinder nur nach reiflicher Überlegung aufs Schlachtfeld ziehen lassen. Nur eine Mutter kann den Schmerz einer anderen Mutter über den Verlust eines Kindes verstehen.

Wenn Frauen zusammenhalten und sich einig sind, können sie viele wünschenswerte Veränderungen in der Gesellschaft bewirken. Die Männer sollten sie dazu ermutigen. Frauen und Männer müssen zusammenarbeiten, um unsere Gesellschaft und die kommenden Generationen vor einer Katastrophe großen Ausmaßes zu bewahren – dies möchte Amma sagen. Die heutige Beziehung zwischen den Geschlechtern gleicht zwei schwer beladenen Fahrzeugen, die aus entgegengesetzter Richtung aufeinander zurasen, und keines von beiden möchte auszuweichen, um den anderen vorbei zu lassen.

Je nach Ort, Zeit und Kultur unterscheiden sich das Aussehen, die Einstellung sowie die Handlungen von Männern und Frauen. Doch gab es in jedem Zeitalter mutige Frauen, die aus den aufgezwungenen Käfigen ausbrachen und eine Revolution begannen. Indische Prinzessinnen wie Rani Padmini, Hathi Rani, Mirabai und Jhansi Rani sind Symbole von großer Tapferkeit und Reinheit.

Solche Juwelen der Weiblichkeit gab es auch in anderen Ländern, z. B. Florence Nightingale, die Jungfrau von Orléans oder Harriet Truman. Wann immer sich die Gelegenheit bot, haben Frauen die Männer in allen Bereichen übertroffen. Eine Frau hat sowohl das Talent als auch die Kraft dazu.

Es gibt eine unbesiegbare Kraft in Frauen. Wenn sie der dunklen Gefängniszelle ihres Denkens und Fühlens entkommen können, schweben sie hinauf in den endlosen Himmel der Freiheit.

Einst lebte ein Adlerjunges unter einer Brut Küken, die Henne zog es auf wie ihre eigenen Jungen. Wie die Küken scharrte der kleine Adler im Boden nach Würmern. Er hielt sich für ein Küken und wusste nichts von seiner Fähigkeit, fliegen und hoch in den Himmel aufsteigen zu können. Eines Tages bemerkte ein Adler am Himmel den jungen Adler unter der Kükenschar. Als der junge Adler einmal allein war, kam der ‚Himmelsadler' zu dem ‚Kükenadler' und brachte ihn zu einem See. Der ‚Himmelsadler' sagte: „Mein Kind, weißt du nicht wer du bist? Schau mich an und sieh dann dein eigenes Spiegelbild im Wasser an! So wie ich bist auch du ein Adler mit der Fähigkeit gen Himmel zu schweben – du bist kein Küken, das nur in der Erde kratzt." Langsam wurde sich der kleine Adler seiner Stärke bewusst, er breitete seine Flügel aus und stieg hoch hinauf in den Himmel.

Der hohe weite Himmel ist das Geburtsrecht des Adlers. Ebenso hat jede Frau das Potenzial, sich hoch hinauf in den unendlichen Himmel der Stärke und Freiheit zu erheben. Aber bevor diese Freiheit Wirklichkeit werden kann, muss eine Frau sich durch ständiges Bemühen darauf vorbereiten. Es ist der Glaube an die eigene Machtlosigkeit und Schwäche, der sie hindert; zuerst muss sie ihr Bewusstsein erweitern. Wenn sie diese begrenzten Vorstellungen hinter sich lässt, kann sich spontan Veränderung in ihr vollziehen.

Das unendliche Potenzial der Frauen

Allerdings sollte sie die Freiheit ihres Selbst nicht mit körperlicher Freizügigkeit verwechseln.

Amma sagt aber auch, dass die Frauen es aufgeben sollten, den Männern alle Schuld zuzuschieben. Männer brauchen die körperliche und emotionale Unterstützung von Frauen. Es ist wahr, dass Männer generell keine sehr hohe Meinung von Frauen haben. Das kann man ihnen aber nur zum Teil vorwerfen, denn es sind die uralten Traditionen und die Umstände, unter denen sie aufgewachsen sind, die solche Ansichten in ihnen entstehen ließen.

Wenn zum Beispiel ein Amerikaner nach Indien kommt und gebeten wird, Messer und Gabel beiseite zu legen und mit der Hand zu essen, wird ihm dies wahrscheinlich zuerst einmal schwer fallen. Ein Mensch kann nicht so einfach seine Gewohnheiten ändern.

Von den Männern eine plötzliche Veränderung zu erwarten ist unvernünftig. Sie werden von einem geistigen Prinzip geleitet, das ihnen selbst noch nicht bewusst ist. Wenn jemand vor einem Elefanten zu Boden fällt, wird der Elefant sein Bein heben und auf diesen Menschen treten, selbst ein junger Elefant. So stark wirken tief verwurzelte Gewohnheiten. Anstatt die Männer zu tadeln, sollten wir geduldig und liebevoll versuchen sie langsam zu verändern.

Wenn wir mit Gewalt versuchen eine Knospe zu öffnen, gehen deren Schönheit und Duft verloren. Eine Blüte muss sich natürlich entfalten. Ebenso hat der Druck, den wir auf Männer ausüben, wenn wir sie verurteilen oder von ihnen verlangen, sich rasch zu verändern, nachteilige Auswirkungen auf das Familien- und Gesellschaftsleben, sowohl für die Männer als auch für die Frauen. Männer und Frauen sollten die geistige Veranlagung des anderen Geschlechts verstehen lernen.

‚Wir müssen vorwärts stürmen!' ist die Devise vieler Frauen. Es stimmt, Frauen müssen voran gehen, aber sie müssen auch zurückschauen und auf die Kinder achten, die ihnen in ihren Fußstapfen folgen. Sie können ihre Verantwortung als Elternteil nicht ablegen. Zum Wohl ihrer Kinder sollte eine Mutter zumindest ein wenig Geduld haben. Es reicht nicht, einem Baby Raum im eigenen Leib zu geben, sie muss ihm auch Raum in ihrem Herzen geben.

Die Integrität, Schönheit und der Duft der zukünftigen Gesellschaft wird der jungen Generation durch die Mütter vermittelt. Die Mutter

Das unendliche Potenzial der Frauen

ist die erste Lehrerin eines Kindes und als solche kann sie es am stärksten beeinflussen. Was immer eine Mutter tut, das Kind wird es aufsaugen. Die Milch einer Mutter bewirkt mehr, als nur den Körper des Babys zu ernähren - sie entwickelt das Gemüt, den Intellekt und das Herz des Kindes. So geben die Werte des Lebens, die eine Mutter ihrem Kind vermittelt, ihm später Kraft und Mut. Es sind die Mütter, die Männer geboren und aufgezogen haben – wie kann man da der Meinung sein, Frauen seien den Männern unterlegen?

Nur wenn Mütter erwachen und ihre Stärken entwickeln wird eine neue Zeit anbrechen, in der Liebe, Mitgefühl und Wohlstand möglich sind.

Vor langer Zeit begab es sich, dass eine schwangere Königin, als die Wehen begannen, den Astrologen rief. Dieser sagte ihr voraus: „Der günstigste Zeitpunkt für eine Geburt ist in einigen Stunden. Dann wird das Kind ein Junge sein, der alle edlen Tugenden verkörpert. Er wird ein Segen für das Land und die Menschen sein." Als sie dies hörte, ließ die Königin sich mit den Füßen an der Decke aufhängen, ihr Kopf hing nach unten und ihre Hände berührten den Boden. Sie stellte eine Uhr auf, um die günstige Stunde nicht zu verpassen. Als der Zeitpunkt näher rückte, hieß sie ihre Freundinnen, alles für die Geburt vorzubereiten. So gebar sie genau zu der vorhergesagten glückverheißenden Stunde. Doch aufgrund der großen Anstrengung und des freiwillig erlittenen Traumas, das die Königin für diese Geburt auf sich genommen hatte, starb sie. Der Sohn, der König wurde, arbeitete unermüdlich für das Wohl der Menschen und des Landes. Er ließ unzählige wunderschöne Tempel bauen. Das Land blühte auf und die Menschen waren friedvoll, zufrieden und glücklich.

Heute denken die Menschen vor allem daran, was sie bekommen können. Stattdessen sollten wir uns darauf konzentrieren, wie und was wir zum Wohl der Gesellschaft beitragen können.

Die innere Kraft von Frauen ist wie ein Fluss. Wenn ein Fluss auf einen Berg trifft, fließt er um ihn herum. Trifft er auf einen Steinhaufen, fließt er durch ihn durch, manchmal unter einem Stein hindurch oder über einen solchen hinweg. In ähnlicher Weise können die Frauen mit ihrer Stärke zum Ziel gelangen und jedes Hindernis überwinden, das sich ihnen stellt. Männer müssen nur dazu bereit sein, den Frauen Wertschätzung für ihre innewohnende Stärke entgegen zu bringen, denn das verdienen sie. Für das Wohl der

Gesellschaft und das gemeinsame Wachstum sollten die Männer mit einer offenen Einstellung die Frauen anerkennen und ermutigen.

In der Vergangenheit waren Männer wie einspurige Straßen oder Einbahnstraßen, nun müssen sie sich in Autobahnen verwandeln. Nicht nur, dass sie es den Frauen leicht machen sollen weiterzukommen, sie sollen ihnen auch noch freie Fahrt gewähren! Männer haben vielleicht mehr Muskeln und eine größere Körperkraft als Frauen, doch anstatt diese zur Unterdrückung der Frauen einzusetzen, könnten sie sie damit unterstützen. Organisationen sollten Konferenzen veranstalten mit dem Ziel, Frauen in Führungspositionen zu bringen. Doch dürfen wir nicht vergessen, dass die Gleichberechtigung nicht eine Frage der Machtposition ist, sondern der Einstellung.

Frauen und Männer sollten dem Herzen dieselbe Bedeutung zuerkennen wie dem Intellekt und sich darum bemühen, Intellekt und Herz zu versöhnen. Dabei können sie sich gegenseitig als Vorbild dienen. So können sich auf ganz natürliche Weise Gleichheit und Harmonie entwickeln. Gleichheit ist nichts Äußeres. Eine Henne kann nicht krähen wie ein Hahn, doch kann ein Hahn Eier legen? Selbst mit äußeren

Eine Ansprache von Sri Mata Amritanandamayi

Unterschieden kann man im Geiste eins sein. Strom erzeugt in einem Kühlschrank Kälte, in einer Heizung Wärme und in einer Glühbirne Licht. Ein Fernsehgerät ist keine Glühbirne und eine Glühbirne kein Fernsehgerät. Der Kühlschrank kann nicht die Leistung der Heizung vollbringen und umgekehrt. Doch der Strom, der durch alle diese Geräte fließt, ist ein und derselbe. Ebenso gibt es äußere Unterschiede zwischen Männern und Frauen, doch das innewohnende Bewusstsein ist eins.

Alles hat seinen Platz im Universum, nichts ist unbedeutend. In jedem Ausdruck der Schöpfung ist Bedeutung und Bewusstsein. Alles hat sein eigenes Wesen; manches ist groß, anderes klein. Licht gehört zur Sonne, Wellen zum Meer und Kühle zum Wind. Die Sanftmut des Rehs und die Grausamkeit des Löwen sind nur Ausdruck der jeweils gegebenen Natur. So haben auch Frauen und Männer ihre eigene Natur, durch die sie sich voneinander unterscheiden. An diese eigene Natur sollte man sich immer erinnern und sie niemals aufgeben.

In ihrem Versuch, Männer zu übertrumpfen, rauchen und trinken Frauen wie Männer und vergessen das Geschenk der Mutterschaft. Dieses

Verhalten ist nicht nur gefährlich, es führt auch nicht zu der erhofften Veränderung.

Ein Mann ist nicht besser als eine Frau und eine Frau nicht besser als ein Mann. Die grundlegende Wahrheit ist, dass alles gleichwertig und nichts in der Schöpfung etwas anderem überlegen ist. Wenn Frauen und Männer Überlegenheit nur Gott zugestehen, können sie zu Instrumenten im Dienste des Allmächtigen werden. Nur aus diesem Ansatz heraus kann sich wahre Gleichberechtigung entwickeln.

Wir erleben heute einen Konflikt im Aufeinandertreffen von Vergangenheit und Zukunft. Die männliche Gemeinschaft - unfähig zum Kompromiss - steht für die Vergangenheit. Wenn die Zukunft eine schöne, duftende Blume in voller Blüte sein soll, müssen Frauen und Männer in allen Bereichen Hand in Hand zusammenarbeiten. Wer Frieden und Wohlergehen für die Weltgemeinschaft wünscht, muss dies beachten, jetzt, in diesem Moment. Für eine vielversprechende Zukunft müssen Frauen und Männer in Gemüt und Intellekt eins werden, wir dürfen nicht länger warten damit zu beginnen. Je länger wir warten, desto schlechter wird die Lage in der Welt.

Eine Ansprache von Sri Mata Amritanandamayi

Wenn Frauen und Männer zusammenarbeiten, können gesunde Regierungen entstehen. Doch für diese Veränderung ist gegenseitiges Verständnis und ein offenherziger Dialog vonnöten. Schlangengift kann tödlich sein, doch es kann auch als lebensrettende Medizin genutzt werden. Ebenso ist es möglich, unsere Negativität in positive und konstruktive Fähigkeiten zu verwandeln - noch können wir die Gesellschaft retten. Es ist einzig die Liebe, die das Gift negativer Gedanken in Nektar verwandeln kann.

Liebe ist ein Gefühl, das alle Lebewesen kennen. Auf dem Weg der Liebe können die Frauen die Männer erreichen und die Männer die Frauen, die Menschen erreichen die Natur und die Natur das Universum. Und die Liebe, die über alle Grenzen hinwegfließt, ist *vishva matrutvam* – die große Mütterlichkeit.

Die größte Blütezeit auf dieser Erde ist die Blütezeit der Liebe. Die Natur lässt wunderschöne bunte, duftende Blüten – sogar bei den kleinsten Pflanzen – ganz von selbst erblühen. Ebenso keimt die Liebe in den Herzen der Menschen, blüht auf und verströmt sich. Frauen und Männer sollten sich dieses innere Erblühen gestatten.

Das unendliche Potenzial der Frauen

Es gibt nichts Schöneres und Stärkeres als zwei Herzen, die einander in Liebe zugetan sind. Liebe wirkt kühl und erfrischend wie der Vollmond und strahlend hell wie der Sonnenschein. Aber die Liebe kommt nicht ohne unsere Erlaubnis in unser Herz, sie wartet nur darauf, hereingebeten zu werden. Jede Frau und jeder Mann sollte gleichermaßen dazu bereit sein. Nur Liebe kann eine dauerhafte Veränderung im Denken und Fühlen und somit in der Lebenswirklichkeit von Frauen und Männern bewirken.

Wenn es Eheleuten gelingt, in gegenseitigem Einvernehmen zu leben, wird das Gefühl zunehmender Entfremdung zurückgehen. Damit werden die Probleme in der Gesellschaft in einem gewissen Ausmaß bereits gelöst. Manche Eheleute behaupten: „Wir leben in gegenseitiger Liebe und haben volles Vertrauen zueinander", aber es ist nur eine vorgetäuschte Liebe. Echte Liebe muss man leben. Liebe kann man nicht vorgeben oder sich nur vorstellen. Liebe ist das Leben selbst.

Etwas vorzugeben ist wie eine Maske zu tragen. Egal wer sie angelegt hat, sie muss abgenommen werden, andernfalls wird die Zeit sie entfernen. Viele Rollen werden über einen langen

Eine Ansprache von Sri Mata Amritanandamayi

Zeitraum gespielt, aber früher oder später wird die Maske fallen - es ist nur eine Frage der Zeit.

Wie konnte die Liebe - die innerste Natur des Menschen und seine eigentliche Verpflichtung - zu einer Maske werden? Wenn man sich selbst nicht achtet und anderen gegenüber ohne Demut oder Kompromissbereitschaft handelt, wird Liebe zum Schein. Wenn jemand an einem klaren Bach steht und nur auf das Wasser blickt, wird sein Durst nicht gestillt. Er muss sich zum Wasser hinunter beugen, um seinen Durst zu stillen. Wer stattdessen aufrecht stehen bleibt und den Bach verflucht, bleibt durstig. Ebenso einfach können wir uns an dem kristallklaren Wasser der Liebe laben, wenn wir uns hingeben.

Die heutigen Beziehungen zwischen Frauen und Männern sind geprägt von Misstrauen und gegenseitigen Verdächtigungen. Solche Zweifel rauben die Gesundheit und verkürzen das Leben; es handelt sich um eine ernstzunehmende Krankheit. Wer von ihr befallen ist verliert die Fähigkeit, seinen Mitmenschen mit ihren Problemen verständnisvoll zuzuhören.

Obwohl viele Beziehungen schwierig sind, ist nicht alles verloren. Doch wenn die Liebe ausstirbt geht das Universum unter. Der unsterbliche

Funke der Liebe glüht in jedem Menschen, wir müssen ihn nur anfachen und er flammt wieder auf.

Immer mehr Tierarten werden ausgerottet. Wollen wir die Liebe auf die gleiche Weise in den Herzen der Menschen aussterben lassen? Um das Aussterben der Liebe selbst zu verhindern, müssen die Menschen sich wieder Gott zuwenden und Respekt, Verehrung und Glauben in die göttliche Macht entwickeln. Diese Macht ist nicht außerhalb von uns; um sie im eigenen Innern erkennen zu können müssen wir unsere Blickrichtung ändern. Wenn wir z. B. ein Buch lesen, konzentrieren wir uns nur auf die geschriebenen Worte und nicht auf das Papier, auf dem diese Worte so schön gedruckt sind. Doch das Papier ist das Hilfsmittel zur Vermittlung der Worte.

Versucht folgendes Experiment mit verschiedenen Menschen: Nehmt ein großes Blatt weißes Papier und macht einen kleinen Punkt in die Mitte. Fragt die Anwesenden: „Was seht ihr?" Die meisten werden sagen: „Einen schwarzen Punkt." Doch nur wenige werden sagen: „Ich sehe einen schwarzen Punkt in der Mitte eines großen Blattes weißen Papiers."

Dies ist die Lage der Menschheit heute. Wir müssen zuerst erkennen, dass Liebe das Wesentliche des Lebens ist. Um zu lesen müssen wir natürlich die Buchstaben sehen, doch sollten wir auch bedenken, dass das Papier die Grundlage ist. Anstatt von innen nach außen zu schauen, versuchen wir von außen nach innen zu schauen und erkennen so nichts mehr klar.

Im weltlichen Leben haben Frauen und Männer jeweils ihre eigenen Bedürfnisse und Rechte in dem Unterfangen, Geld zu verdienen, Rang, Prestige und Freiheit zu erringen. Sie investieren sehr viel Zeit und Energie, um all dies zu erreichen. Bei aller Anstrengung sollten wir doch eine Wahrheit im Hinterkopf behalten: Ohne Liebe geben uns Name, Ruhm, Position oder Vermögen keinerlei Glücksgefühl oder Befriedigung. Unser Gemüt, Intellekt und Körper müssen fest auf reiner Liebe gegründet sein, die der Dreh- und Angelpunkt des Lebens ist. Es ist äußerst wichtig, dass die reine Liebe unsere Handlungen bestimmt. Dann werden die Unterschiede zwischen Frauen und Männern auf die äußere Form reduziert. Wir werden sehen, dass wir in Wirklichkeit eins sind - denn in Wahrheit sind wir eins.

Das unendliche Potenzial der Frauen

Jaipur ist der ideale Ort für diese Konferenz, denn es kann auf eine edle Vergangenheit zurückblicken. Prinzessinnen mit außergewöhnlicher Stärke, großem Heldenmut und besonderer Reinheit lebten hier. Durch ihre Reinheit im Denken und Fühlen sowie sehr großen Opfern hielten sie Lebensideale von unschätzbarem Wert hoch. Eine Frau braucht – unabhängig von Zeit oder Ort - Mut und geistige Reinheit. Wenn sie diese Eigenschaften verinnerlicht hat, sie ihr in Fleisch und Blut übergegangen sind, wird sie das bekommen, was sie durch ihr Vorbild verdient. Dann werden Rang, Name, Ruhm und Verehrung sie ganz von selbst erreichen.

Geistige Reinheit ist die Grundlage für Mut, und die Quelle der geistigen Reinheit ist die Liebe. Nur Liebe kann Frauen und Männer aus dem dunklen Gefängnis der Vergangenheit befreien und sie in das Licht der Wahrheit führen. Liebe und Freiheit bedingen einander wechselseitig: Liebe kann nur in einem Herzen erwachen, das von den Gedanken an die Vergangenheit frei ist, und nur mit Liebe im Herzen kann das Gemüt frei und das Herz offen werden. Wenn Denken und Fühlen frei geworden sind, kommt man zur vollkommenen Freiheit im Leben.

Eine Ansprache von Sri Mata Amritanandamayi

Wenn wir Freiheit, Gleichheit und Glück erringen wollen, müssen die Menschen entweder einander oder die Natur lieben oder danach streben das innere Selbst zu erkennen. Es ist höchste Zeit, sich diesen wichtigen Dingen zu widmen. Wenn wir noch länger zögern bedeutet dies eine ernste Gefahr für die Menschheit.

Viele Frauen kommen in Tränen aufgelöst zu Amma und fragen: „Warum hat uns Gott zu Frauen gemacht?" Wenn Amma wissen möchte weshalb sie eine solche Frage stellen, sagen sie: „Die Männer quälen uns psychisch und körperlich. Sie behandeln uns so herablassend, dass wir uns selbst nicht mehr leiden können."

Sie empfinden es als Fluch, als Frau geboren zu sein statt als Mann, der in jeglicher Hinsicht überlegen scheint. Unter dem Gewicht ihres Minderwertigkeitskomplexes finden viele Frauen nicht die Kraft, für sich einzustehen. Vielleicht veranlassen solche Erfahrungen und Gedanken die Frauen zum Mord an weiblichen Babys. Die Vorstellung, ein weiteres weibliches Wesen dieser grausamen Welt auszusetzen, erfüllt sie mit Furcht.

Das unendliche Potenzial der Frauen

Mitgift ist seit langem illegal. Doch diese Tatsache hat die Geldsummen, die bei einer Hochzeit gegeben und empfangen werden, nicht verringert.

Wie können wir gegen diese Sitte der Mitgift vorgehen, die die Vorstellung verstärkt, Frauen seien im Vergleich zu Männern zweitrangig und unvollständig? Wie können arme Familien, die sich täglich für ordentliche Kleidung abkämpfen müssen, jemals genug Geld für eine Mitgift erwirtschaften? Manche Frauen töten ihre neugeborenen Töchter nur deshalb.

Offen gesagt sind indische Scheidungsgesetze nicht zu Gunsten der Frauen angelegt. Wenn ein Fall vor Gericht kommt, wird daraus ein echter Krieg. Selbst heute werden Scheidungsprozesse über Jahre hingezogen und am Ende bekommt die Frau selten mehr als 400 oder 500 Rupien pro Monat (etwa 6-8 Euro). Mit dieser geringen Geldsumme können die Frauen ihre Kinder kaum eine Woche lang ernähren. Nach einer Scheidung müssen die Frauen selbst für ihre Kinder aufkommen. Dies führt manchmal dazu, dass Frauen in die Prostitution gehen. Amma hat schon viele Tränen von Frauen getrocknet, die gezwungenermaßen ein Doppelleben führen, abwechselnd eine Woche zu Hause und eine Woche im Bordell. Andere versuchen eine Anstellung als Hausangestellte zu finden, doch diese erleiden oft psychisch und körperlich unaussprechliche Gewalt von Seiten ihrer Arbeitgeber, die die Situation der Frauen ausnutzen und ihre Aggressionen an ihnen ausleben. Letztendlich wenden sich die Frauen der Prostitution zu und die Kinder folgen ihnen. Bereits in jungem Alter werden sie in Bordelle aufgenommen und schon bald zu einer Schwangerschaft gezwungen. Mit der Drohung: „Wenn du gehst wirst du dein Kind nie wiedersehen!" geißeln die Zuhälter diese jungen Frauen und zwingen sie weiterzumachen.

Im Westen sind sich Prostituierte möglicher Gesundheitsgefahren bewusst und treffen die notwendigen Vorkehrungen. Aber in Indien werden die Frauen Opfer zahlreicher Sexualkrankheiten; ihr Leben wird zur Hölle. Dieser ganze Kreislauf beginnt mit dem mangelnden Respekt der Männer für Frauen und den daraus für die Frauen folgenden Minderwertigkeitskomplexen.

Ein weiteres zunehmendes Problem heute ist Vergewaltigung. Manche Menschen behaupten, dies liege nur daran, dass sich die Frauen in der modernen Welt so aufreizend anzögen. Doch das kann nicht der Grund sein, denn in früheren

Zeiten haben die Frauen bestimmter Gesellschaftsschichten z. B. keine Blusen getragen, sie bedeckten sich nur mit einem einfachen Tuch. Selbst ein Schal war bei diesen Frauen ungewöhnlich. Dennoch hörte man damals wenig von Vergewaltigung. Weshalb? Weil spirituelle Werte einen großen Einfluss auf das Alltagsleben hatten und die Menschen sich des Dharma bewusst waren – sie verhielten sich respektvoll und ihnen lag die Menschheit als Ganzes am Herzen. Autofahrer werden von Ampeln und Radaranlagen gezwungen die Geschwindigkeitsbeschränkungen einzuhalten, da sie sonst ihren Führerschein verlieren könnten. Ebenso stahl vor langer Zeit nicht einmal ein Hungernder etwas aufgrund der tief verinnerlichten Werte. Auch wenn Männer sich von Frauen angezogen fühlten, übten sie Selbstkontrolle; ihr Bewusstsein des Dharma und die daraus resultierende Furcht hielten sie zurück.

Fortschritte in der Informationstechnologie haben der Gesellschaft in vielerlei Hinsicht geholfen. Doch weil die Menschen Internet und Fernsehen ohne echte Unterscheidungskraft nutzen, wurden diese zu einem weiteren Anstifter für Vergewaltigung und einem von der Norm abweichenden Verhalten. Jeder kann ungehörige Seiten im Internet aufrufen, und diese wecken die animalischen Triebe. Viele Golfstaaten haben den Zugang zu diesen Seiten strikt blockiert und auch Indien sollte solche Maßnahmen ergreifen. Manche Menschen wenden ein: „Jeder ist frei.", „Wir haben ein Recht auf freie Wahl!" oder „Das ist ein Teil der modernen Erziehung!" Wenn wir auf diese Argumente hören und deshalb darauf verzichten Beschränkungen einzuführen, werden künftige Generationen zerstört. Das Blut wird an unseren Händen kleben.

Im Leben sind *Artha* und *Kama* – Geld verdienen und sich Wünsche erfüllen - nicht genug. An erster Stelle muss ein Bewusstsein des *Dharma* – der rechten Lebensführung - stehen.

Amma möchte, bevor sie ihre Ausführungen beschließt, einige Vorschläge unterbreiten, die nach ihrem Gefühl den Frauen einige Erleichterung von ihrem gegenwärtigen Leiden in der Gesellschaft verschaffen können:

1. Das Töten von weiblichen Babys ist strafbar, aber diesbezügliche Gesetze werden nicht befolgt. Die Regierung muss die notwendigen Schritte unternehmen, Menschen, die gegen diese Gesetze verstoßen, vor Gericht zu bringen.

Das unendliche Potenzial der Frauen

2. Gebildete Frauen mit Know-how und finanziellem Rückhalt sollten dazu beitragen, ungebildeten und verarmten Frauen weiterzuhelfen. Diese Bemühungen sollten jedoch deren Kultur und Werte berücksichtigen und nicht dazu dienen, die Denk- und Glaubensgrundsätze von Menschen aus dem ländlichen Raum infrage zu stellen.

3. Um Gleichberechtigung zwischen Frauen und Männern zu erreichen, ist die finanzielle Unabhängigkeit der Frauen unerlässlich. Hierfür ist Bildung Voraussetzung. Eltern sollten sich dem verpflichten, ihren Töchtern so viel Bildung wie nur möglich angedeihen zu lassen, damit diese später auf eigenen Füßen stehen können. Alter ist kein Hinderungsgrund für das Lernen – deshalb sollten Frauen sich zusammentun und kreative Wege entwickeln, um Analphabetinnen zu unterrichten.

4. Es wäre gut, wenn die Regierung für jedes weibliche Neugeborene einen bestimmten Geldbetrag anlegte, so dass die Mädchen später im heiratsfähigen Alter über die notwendigen Geldmittel verfügen. Dadurch würden die Morde an kleinen Mädchen zurückgehen.

5. Es wäre zu begrüßen, wenn mehr Einrichtungen ungewollte kleine Mädchen aufnähmen. ‚Mutters Krippe' ist eine solche Organisation; diese Organisationen müssen in der Bevölkerung bekannter werden.

6. Zu jeder Nachtzeit sollten Frauen ohne Angst allein ihres Weges gehen können. Die Männer sollten große Anstrengungen unternehmen, damit dies Wirklichkeit wird.

7. ‚Mitgift' heißt auf Sanskrit *stri dhanam*; *stri* bedeutet Frau und *dhanam* bedeutet Reichtum. Männer, die gierig an die Mitgift denken, sollten erkennen dass ihre *stri* dhanam ist – die Frau ist der Reichtum, der durch die Heirat gewonnen wird.

8. So wichtig es ist, den Mädchen eine gute Ausbildung zu ermöglichen, so wichtig sind auch Bewusstseinskampagnen für Jungen. Schon von klein auf müssen sie ganz und gar verstehen lernen, dass eine Frau weder handelbares Gut noch Spielball eines Mannes ist. In ihrer Rolle als Mutter verdient die Frau Respekt und Verehrung.

9. In Indien steigt die Scheidungsrate. Im Westen muss ein Mann nach der Scheidung in der Regel Unterhalt für die Frau und die Kinder

bezahlen. In Indien gibt es solche Regelungen bisher nicht. Dies sollte verbessert werden.

10. Die Frauen sollten sich darum bemühen, Männer für das Thema Gleichberechtigung in die Pflicht zu nehmen.

11. Die männlich geprägte Gesellschaft war zu einem gewissen Grad erfolgreich mit der Verbreitung des Trugschlusses: „Frauen haben weder Stärke noch Mut." Es ist an der Zeit unter Beweis zu stellen, dass dieser Glaubenssatz falsch ist, aber nicht durch Kampfansagen oder Konkurrenzverhalten. In allen Frauen existiert der reine Wesenskern der Mutterschaft. Furchtlosigkeit vor dem Tod und unerschütterliches Selbstvertrauen sind Vorraussetzung dafür, neue Geschöpfe auf die Welt zu bringen. Jede Frau zeigt bereits beständig, dass sie Stärke und der Inbegriff von Mut *ist!*

Wenn man einem Menschen mit einem Doktortitel sagte: „Sie haben keinen Doktortitel", würde dies seinen Titel in irgendeiner Form schmälern? Nein. In gleichem Maße hat die Frau bereits alles was sie braucht, um in der Gesellschaft aufzuleuchten. Sie ist ohne Mangel, sie ist in jeder Hinsicht vollkommen. Wenn ein Mann versucht, sie herabzuwürdigen, sollte sie dies nicht so ernst nehmen. Nie sollte eine Frau glauben sie wäre einem Mann unterlegen. Jeder Mann auf dieser Welt wurde von einer Frau geboren. Seid stolz auf diesen einzigartigen Segen und geht weiter im Vertrauen auf eure eigene innere Stärke. Ihr solltet euch nie als schwache Schäfchen sehen, sondern immer als starke Löwinnen.

Die äußeren Augen und Ohren des Menschen, durchtränkt von Selbstsucht und Egoismus, sind immer offen. Doch die inneren Augen, die Kümmernisse von anderen sehen können, und die inneren Ohren, die man braucht um Leidensgeschichten anderer zu hören, bleiben geschlossen. Amma betet aus tiefstem Herzen, dass diese traurige Situation sich bald ändern wird. Mögen wir alle den Problemen anderer zuhören und darauf reagieren und uns kümmern. Mögen alle für das Glück und den Frieden anderer beten. Dies sind die Gebete, die Amma dem Paramatman – dem Höchsten Selbst – darbringt.

|| Om Lokah Samastah Sukhino Bhavantu ||

www.ingramcontent.com/pod-product-compliance
Lightning Source LLC
Chambersburg PA
CBHW061958070426
42450CB00011BA/3224